ECLIPSE RICH CLIENT PLATFORM (RCP)

Einführung in eine komponentenbasierte
Programmierung mit Eclipse

EUROPÄISCHER
HOCH
SCHUL
VERLAG

Heinz Hille

ECLIPSE RICH CLIENT PLATFORM (RCP)

www.europäischer-hochschulverlag.de

Hille, Heinz
ECLIPSE RICH CLIENT PLATFORM (RCP)
Einführung in eine komponentenbasierte Programmierung mit Eclipse

1. Auflage 2009
ISBN: 978-3-941482-19-7
© Europäischer Hochschulverlag GmbH & Co. KG, Bremen, 2009.
www.europäischer-hochschulverlag.de
Alle Rechte vorbehalten

Die Deutsche Bibliothek verzeichnet diesen Titel in der
Deutschen Nationalbibliografie. Bibliografische Daten sind unter
http://dnb.ddb.de abrufbar.

Für Anja

Inhalt

Aufstellung der Listings:

Aufstellung der Tabellen:

Aufstellung der Abbildungen:

1 Motivation, Aufbau, Voraussetzung

Motivation

Motivation ist es ein komponentenbasiertes System näher zu beleuchten.

Zur Beschreibung hier ein Zitat von Erich Gamma auf die Frage nach den architektonischen Highlights der Eclipse-Platform:

> *„Ein Highlight ist sicher das Eclipse-Komponentenmodell mit Plug-Ins und dem Erweiterungsmechanismus mit Extensions und Extension Points. Die klare Trennung der Deklarartion einer Komponente in einer Manifest-Datei von ihrem Implementierungscode in einer JAR-Datei ermöglicht es, eine Komponente erst bei Bedarf und so spät wie möglich zu laden. Dies ist der Schlüssel, um auch mit sehr vielen Plug-Ins zu skalieren."*

Bei diesem Thema besteht die Aufgabe zunächst darin, sich die notwendigen Informationen zu Eclipse und dem zugehörigen Komponentenmodell zu beschaffen. Dann sollten diese gut verständlich aufbereitet und für Interessierte auch Dokumente, Bücher, Tutorials empfohlen werden.

Aufbau

Kapitel 2.1 beginnt mit einem historischen Abriss der bisherigen Entwicklung von Eclipse bzw. Eclipse RCP. Es wird darauf hingewiesen, dass die genannten Features erst ab der Version 3.x verfügbar sind. Insofern handelt es sich um „neue" Eigenschaften von Eclipse.

Anschließend werden in den Kapiteln 2.2, 2.3 und 3 wichtige Begriffe wie Eclipse - RCP, Plug-in, Eclipse-Classloader und OSGi definiert und Grundlagen für die folgenden Kapitel gesetzt.

In den Kapiteln 4 und 5 werden die Begriffe Eclipse – RCP und Plug-in vertieft und anhand eines Beispiel erweitert.

Voraussetzung

Für diese Arbeit wurde die Eclipse Version 3.4.1 verwendet.

2 Grundlagen der Eclipse-Rich-Client-Plattform

2.1 Geschichte, Entwicklung der Eclipse-RCP

Es ist sinnvoll, die Geschichte von Eclipse zu beleuchten, um die zunehmende Bedeutung der Eclipse-Rich-Client-Plattform zu verstehen. Denn ursprünglich war Eclipse zunächst als eine Plattform für Softwarewerkzeuge entwickelt worden. Ziel war es, Visual Age – IBMs IDE für SmallTalk, Java und andere Sprachen – abzulösen. Es wurde von der selben Firma (OTI einer 100-prozentigen Tochter von IBM Kanada) implementiert, die auch für die Implementierung von Visual Age verantwortlich war.

Eclipse war bis zur Version Eclipse 2.1 nur als Plattform für Entwicklungswerkzeuge interessant (siehe Abbildung 1), ähnlich wie andere Produkte wie z.B. Sun Studio One oder IBM Visual Age. „Gleichzeitig wurde jedoch deutlich, dass auf Grund seiner Plug-in-Struktur Eclipse das Zeug zu einer allgemeinen Plattform für Desktop- und Rich-Client-Anwendungen hatte. Was noch störte, war, dass viele Komponenten eng mit dem Eclipse-Workspace, dem Datenpool für Entwicklungsartefakte, verwoben waren" [BDaum00].

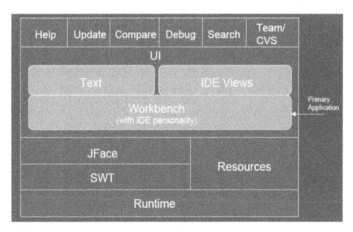

Abbildung 1: Eclipse-Platform 2.1 (pre RCP) [NEdgar]

Der gerade dargestellte Umstand im strukturellen Aufbau von Eclipse wurde mit Einführung von Eclipse 3.0 gelöst, d.h. die gesamte Plattform wurde strukturell von Grund auf überarbeitet. Diese Neuorganisation des Aufbaus machte Umstellungen bei vorhandenen Plug-ins notwendig. Durch diese Umstellung wurde erreicht, dass Eclipse eine allgemeine Plattform für Rich-Client-Anwendungen geworden ist. „Das Eclipse-IDE selbst ist nur noch eine spezifische Rich-Client-Anwendung, die auch den Eclipse-Workspace beinhaltet" [BDaum00].

Eine weitere bedeutende Änderung (ebenfalls mit Eclipse 3.0) war die Umstellung von einer proprietären Ablaufumgebung auf die OSGi-Platfrom, einer standardisierten Ablaufumgebung für Java-Module - so genannte Bundles (siehe dazu Abbildung 5: OSGi Environment [HKromar]). Einer der Vorteile dieser Ablaufumgehung liegt darin, dass Hot Plugging (also der Austausch von Bundles im laufenden Betrieb) möglich ist.

Eine weitere Änderung ist die Fähigkeit, RCP Applikationen mittels Java WebStart (JWS) zu „deployen" und wurde mit der Version Eclipse 3.1 eingeführt. „Das Deployment einer RCP Applikationen mittels JWS erfordert, dass jedes Plug-in in einem separaten JAR File packetiert wird" [JavaSun01].

2.2 Definition Rich-Client

„Der Rich Client ist ein neuer Ableger des Fat Client mit reichhaltigeren Problemlösungen" [Wiki01]. Dabei ist der Begriff Fat Client ebenfalls gebräuchlich, wenn es allgemein um Client-Server-Architektur geht. Dann wird die Bezeichnung Rich Client für einen Client verwendet, „bei dem die eigentliche Verarbeitung der Daten vor Ort auf dem Client vollzogen wird, er stellt meistens die grafische Benutzeroberfläche zur Verfügung und besteht aus der Programmierschnittstelle, der Hardware-Abstraktions-Schicht (engl. Hardware Abstraction Layer, HAL) und der Hardware selbst" [Wiki01]. Meist handelt es sich um Frameworks, welche durch Module und Plug-ins erweiterbar sind. Ein Rich Client kann nicht nur ein spezielles Problem lösen (wie bei Fat Clients üblich), sondern ist auch für ähnlich gestaltete Aufgaben geeignet. Als Beispiel sei hier genannt, dass ein Rich Client z. B. nicht nur E-Mails lesen und verschicken, sondern auch Dateien per FTP herunter- und hochladen kann.

Diverse Frameworks sind heute verfügbar (z.B. NetBeans, Springs), die eine Rich-Client-Platform (RCP) anbieten. Diese bieten eine Basis, in der sich der Benutzer seine Module/Plug-ins (Problemlösungen) selbst zusammenstellen kann, die er benötigt. Eines dieses Frameworks ist das Eclipse Rich-Client-Platform (kurz: Eclipse RCP).

2.3 Definition Plug-in

Der eigentliche Kern von Eclipse ist winzig klein und nur dafür zuständig, Plug-ins zu laden und zum Ablauf zu bringen. Dementsprechend ist auch die Definition von Plug-ins vorgegeben: „Ein Plug-in (von engl. to plug in, ‚einstöpseln, anschließen', deutsch etwa ‚Erweiterungsmodul') ist ein Computerprogramm, das in ein anderes Softwareprodukt ‚eingeklinkt' wird und es damit ergänzt" [Wiki02]. Dabei wird ein Softwareprodukt aus zahlreichen solcher Plug-ins aufgebaut wie es in Abbildung 2 dargestellt ist. „Softwarehersteller definieren Schnittstellen zu ihren Produkten, mit deren Hilfe Dritte Erweiterungen (Plug-ins) für diese Softwareprodukte programmieren können. Das Plug-in erweitert dann die Funktionalität dieses Softwareprodukts. Plug-ins folgen dabei im Allgemeinen dem Muster der Inversion of Control" [Wiki02].

Auch die IDE des Eclipse-Benutzers ist aus Plug-ins aufgebaut, d.h. es wird die gesamte Funktionalität in Eclipse durch Plug-ins realisiert. Plug-ins sind Java-Programme, die eine durch den Entwickler vorgegebene Funktionalität besitzen und aus einer oder mehreren Klassen aufgebaut sein können. Sie besitzen eine definierte Schnittstelle, über die sie angesprochen werden. Daraus folgt, dass auch Komponenten (Module), die im Rahmen einer RCP-Anwendung verwendet werden, in Form eines Plug-ins vorliegen. Auch die Anwendungslogik muss in Form von Plug-ins implementiert werden, um sie in die Eclipse-RCP einbetten zu können (siehe Abbildung 2). Plug-ins sind somit in sich abgeschlossene Einheiten und können als Komponenten betrachtet werden (siehe Kapitel 3.1.2). Dies hat Auswirkungen auf die Entwicklung von Software, wie es in Abbildung 2 angedeutet und ab Kapitel 4 näher erläutert wird.

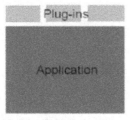 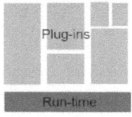

Herkömmliche Anwendung   Plug-in basierte Anwendung
mit Plug-ins,
Bsp.Web-Browser

Abbildung 2: Herkömmliches Plug-in-Konzept und RCP Plug-in-Konzept in Eclipse [MLip-pert05]

Die Eclipse-Plattform bildet die Grundlage für fast alle Produkte in Eclipse. Sie ist eine Sammlung von Plug-ins, die recht allgemein gehaltene Grundfunktionen und Frameworks zur Erstellung von Desktopanwendungen mit grafischer Oberfläche anbieten. Es gibt Plug-ins, die APIs exportieren, wie zum Beispiel das SWT- oder das JFace-Plug-in. Desweiteren gibt es Plug-ins, die Anwendungsbausteine verfügbar machen, wie zum Beispiel das Help-Plug-in. Einige Plug-ins realisieren ganze Anwendungen. Eine Aufstellung und exemplarische Darstellung dieser Plug-ins ist nicht Bestandteil dieser Arbeit und wird in Kapitel 3.2 lediglich skizziert. Es sei vielmehr auf [Eclipse09] verwiesen.

3 Übersicht über die Eclipse Architektur

Wie man in Abbildung 3 sieht, besteht der Großteil der Rich-Client-Plattform aus Komponenten für die Benutzeroberfläche. Das Standard Widget Toolkit (SWT) und das JFace stellen die Basisfunktionalität für grafische Benuteroberflächen (GUI) zur Verfügung. Diese Komponenten lassen sich auch außerhalb der Eclipse-Plattform einsetzen. Es wurde eine weitere GUI-Bibliothek, das Forms API mit Eclipse 3.0 eingeführt.

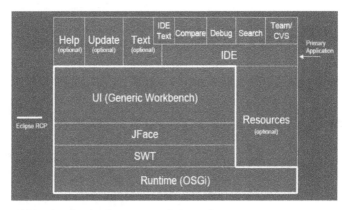

Abbildung 3: Eclipse-Platform 3.x (post RCP) [NEdgar]

Die Rich-Client-Plattform ist eine Untermenge der Eclipse-Plattform. Sie beinhaltet alle Plug-ins, die mindestens nötig sind, um eine Eclipse-Anwendung zum Ablauf zu bringen [Eclipse09]. Alle IDE-spezifischen Erweiterungen sind nicht enthalten.

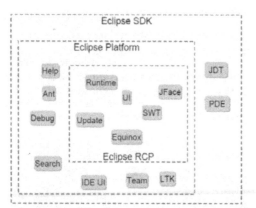

Abbildung 4: Übersicht Plug-ins in Eclipse RCP und Eclipse-Plattform

Die Abbildung 4 zeigt Plug-ins, die zusammengenommen einen Teil der Eclipse-Plattform bilden. Jedes dieser grundlegenden Plug-ins bietet eine Bibliothek oder ein Framework an, um einen bestimmten Aspekt der Anwendungsentwicklung zu vereinfachen bzw. zu formalisieren. Die Plattform ist bereits für unzählige Rechnerarchitekturen und Betriebssysteme verfügbar, so dass Java-Programme ihre Plattformunabhängigkeit nicht verlieren.

3.1 Zusammenhang zwischen Eclipse und OSGi

3.1.1 OSGi

„Die OSGi Alliance (früher ‚Open Services Gateway initiative') spezifiziert eine hardware-unabhängige dynamische Softwareplattform, die es erleichtert, Anwendungen und ihre Dienste in einem Komponentenmodell (‚Bundle'/'Service') zu modularisieren und zu verwalten (‚Service Registry')" [WikiOSGi01]. Die OSGi-Plattform setzt eine Java Virtual Machine (JVM) voraus und bietet darauf aufbauend eine Spezifikation des OSGi-Frameworks an.

Es existieren von OSGi verschiedene Generationen, die von der OSGi Allianz spezifiziert wurden. Die Allianz wird von IBM, Nokia, Oracle und zahlreichen Unternehmen aus dem OSS-Bereich gebildet. Der gemeinsam definierte OSGi-Standard steht daher allen Interessenten offen und es existiert gleichfalls eine entsprechend liberale Patent-Policy.

Die OSGi Alliance selbst spezifiziert hierbei lediglich die APIs und Testfälle für OSGi-Implementierungen und stellt im Rahmen dessen auch eine Referenzimplementierung zur Verfügung. Diese ist nicht für den Produktiveinsatz gedacht, sondern dient lediglich als Vorlage für kommerzielle und OSS-Alternativen.

Vollständig implementierte OSGi-Frameworks werden von verschiedenen Anbietern angeboten, entweder als frei verfügbare Open-Source-Lösungen, oder als kommerzielle Produkte.

Kommerzielle Frameworks sind stärker anwendungsbezogen ausgerichtet und beinhalten neben dem eigentlichen Framework in der Regel weitere optionale Softwarepakete. Diese stellen für kundenspezifische Auftragsarbeiten eine Basis dar, die sich auch in anwendungsbezogen optimierten Framework-Varianten niederschlagen können (z. B. für den Mobilbereich in Handys und PDAs). Dort findet OSGi derzeit als Teil einer „Mobile Service Architecture" (MSA) Einzug in Mobiltelefone. Weitere Anwendungsbeispiele von OSGi finden sich in Fahrzeugen (Telematik), im Bereich der Heimvernetzung (Residential Gateways, Router) oder der Gebäudeverwaltung (Facility Management), aber auch in industriellen Automatisierungslösungen oder eingebetteten Systemen (Aviation, Parksysteme etc.).

Anhand dieser Beispiele ist ersichtlich, dass die Möglichkeiten zur Programmierung verteilter Systeme nicht integraler Bestandteil des OSGi-Frameworks sind, da das Framework seinen Ursprung in eingebetteten Systemen hat. Im Gegensatz dazu erfordern serviceorientierte Architekturen (SOA) oder ähnliche komponentenbasierte Modelle, als Paradigma zur unternehmensweiten Strukturierung von Systemlandschaften, ein Umdenken eben für den Neu-Aufbau vorhandener, „alter" Systeme (sogenannter Legacy Systeme).

Open-Source-Frameworks der OSGi stellen ebenfalls eine Implementierung der OSGi Referenzimplementierung dar, die sich durch Quellcodeverfügbarkeit auszeichnen. Eine dieser Implementierung ist z.B. Equinox, welches in Eclipse 3.x Anwendung findet (siehe Kapitel 3.1.2).

OSGi wurde inzwischen als „JSR 291: Dynamic Component Support for Java SE" im Rahmen des Java Community Process (JCP) als offizielles dynamisches Komponentenmodell für Java angenommen, neben „JSR 232: Mobile Operational Management", das sich auf mobile Umgebungen unter Java ME bezieht. JSR-232 korrespondiert dabei mit der R4 Mobile Spezifikation (MEG) und JSR-291 korrespondiert mit OSGi R4.1.

3.1.2 Equinox

„Equinox ist ein von der Eclipse Foundation entwickeltes Java-basiertes Framework, welches die OSGi-Kernspezifikation implementiert. Sie bildet das Gerüst der integrierten Entwicklungsumgebung Eclipse" [WikiOSGi02]. *Equinox* ist das Eclipse Komponenten Modell, welches auf der *OSGi R4* Spezifikation basiert.

„Das Framework Equinox implementiert zusätzlich zum OSGi-Standard weitere Funktionalitäten, z.b. die Extension Registry, die es Eclipse erlaubt, Erweiterungen zu registrieren und zu nutzen" [WikiOSGi02]. Der Standard Java Technologie fehlt es an einer ausdrücklichen Notation für Komponenten. Mit der Notation in Equinox gilt:

Komponente = Plug-in

Das deckt sich mit den bisher gemachten Erkenntnis in Kapitel 2.3. Eclipse wurde 2003 auf eine Plug-in-basierte Struktur umgestellt. In diesem Zusammenhang ist Equinox entstanden. Dazu wurde die Referenzimplementierung der OSGi-Plattform verwendet (siehe Kapitel 3.1.1). 2004 wurde mit Eclipse 3.0 die erste auf Equinox basierende Version veröffentlicht. Dort wird die OSGi Implementierung für die Integrierte Entwicklungsumgebung (IDE) Eclipse verwendet, wobei OSGi in Form des Equinox - Frameworks die Rolle einer eher desktop- bzw. enterprise-orientierten Plattform übernimmt und dabei das recht neue Rich Client Paradigma bedient (siehe dazu Abbildung 5: OSGi Environment [HKromar]).

Es gibt neben Equinox noch zahlreiche weitere Frameworks, welche eine Vollimplementierung der OSGi Referenzimplementierung darstellen, wie zum Beispiel mBedded Server Equinox Edition (OSS

Produkt von ProSyst basierend auf dem Equinox-Framework von Eclipse). Ein weiteres Framework ist Oscar, welches ursprünglich ein akademisches Projekt war, aber inzwischen als Apache Felix weiterentwickelt wird.

3.1.3 OSGi-Plug-in

Das OSGi-Plug-in enthält eine Implementierung des OSGi-Framework, das die

Grundlage für den Plug-in-Mechanismus bildet. Das OSGi-Framework erlaubt es, mehrere voneinander unabhängige Anwendungen innerhalb einer virtuellen Maschine auszuführen. Die Eclipse-Plattform beinhaltet eine Implementierung des OSGi-R4-Standards (zu Versionen des OSGi Standards, siehe [OSGi08]) im Plug-in **org.eclipse.osgi** und stellt somit eine OSGi-konforme Ablaufumgebung zur Verfügung. „Dazu kommen zusätzliche ‚Dienste' (auch ‚Service' genannt) in Form der Plug-ins **org.eclipse.equinox.***. Der ‚Service'-Begriff, der im OSGi-Kontext oft fällt, geht dabei kaum über den allgemeinen ‚Schnittstellen-Begriff' einer Komponente hinaus" [Wiki03]. Ein OSGi-Framework ist eine offene, modulare und skalierbare „Service Delivery Platform" (SDP) auf Java-Basis. Es handelt sich um ein Komponentenmodell mit Komponenten-Registry (= „Service-Registry"). Die Schnittstelle (= „Service") wird per Registry (= „Service-Registry") JVM-lokal veröffentlicht und das Re/Deployment per Komponenten-Lebenszyklus unterstützt.

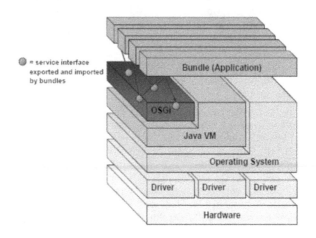

= service interface
exported and imported
by bundles

Bundle (Application)

OSGi

Java VM

Operating System

Driver | Driver | Driver

Hardware

Abbildung 5: OSGi Environment [HKromar]

Eclipse-Pugins agieren in einer solchen OSGi-Ablaufumgebung als OSGi-Bundles (siehe Abbildung 5), d.h. jede Plug-in-Klasse implementiert auch das Bundle *Activator*-Interface und jeder Plug-in-Instanz ist eine Bundle-Instanz zugeordnet. Der Bundle *Activator* registriert das jeweilige Bundle in seiner *start()* Methode mit dem OSGi-Server und meldet es in seiner *stopp()*-Methode wieder vom Server ab.

3.2 Runtime - Plug-in

Das Runtime-Plug-in enthält die wesentlichen Erweiterungen zum OSGi-Plug-in und damit zum OSGi-Framework. Unter anderem pflegt es die Plug-in- und die Erweiterungsregistratur.

Anders als übliche Java-Anwendungen nutzen Eclipse- Anwendungen nicht die *Swing*- und *AWT* Bibliotheken, um Fenster und grafische Elemente auf dem Bildschirm anzuzeigen. Stattdessen bauen sie auf einer Bibliothek namens *Standard Widget Toolkit* (*SWT*) auf. Im Gegensatz zu Swing benutzt SWT ausschließlich Betriebssystemfunktionen zum Zeichnen der Fenster und Widgets. Dadurch passen sich SWT-Anwendungen sehr gut in die zugrunde liegende

Desktopumgebung ein und haben nicht das für Java-Programme typische Aussehen und zum Teil schwerfällige Fensterverhalten.

Im Gegenzug sind die Oberflächenelemente jedoch weniger flexibel als bei

Swing/AWT, da SWT ausschließlich auf Funktionen zurückgreifen kann, die durch das zugrunde liegende Betriebssystem unterstützt werden. Auch die Freigabe von Betriebssystem-Ressourcen wie Farben oder Schriftarten muss explizit durch den Programmierer erfolgen, was bei Swing/AWT nicht nötig ist.

JFace ist eine Bibliothek, die auf SWT aufbaut. JFace vereinfacht die Verwendung von komplizierteren Oberflächenelementen wie Bäumen, Listen, Wizards, Dialogen und korrekt angesteuerten Fortschrittsbalken, indem es Frameworks für deren Implementierung anbietet.

Das UI-Plug-in (User Interface) realisiert auf Basis des SWT- und des JFace-Plug-in die Benutzeroberfläche und einige Standarddialoge, die so genannte Workbench, einer Eclipse-Anwendung.

Das Help-Plug-in bietet ein vollständiges Framework zum Einbinden, Anzeigen und Navigieren von Hilfeseiten in eine Eclipse-Anwendung. Es enthält einen internen und einen externen Hilfebrowser, sowie einen definierten Weg über den Hilfeseiten und Inhaltsverzeichnisse hinzugefügt werden können.

Es gibt allerdings eine Fülle weiterer Plug-ins, die den Entwicklern einer RCP Anwendung zur Verfügung stehen. In [Eclipse09] findet sich eine Übersicht. Diese Aufstellung ist nicht vollständig. Jedoch reichen für eine minimale Anwendung auf Basis der Eclipse-Plattform die genannten Plug-ins bereits aus.

Eclipse wird durch zahlreiche Neuerungen zunehmend als eine allgemeine Runtime Technologie für diverse Weiterentwicklungen eingesetzt. Trotz dieses ersten Erfolges kann die Eclipse Community noch mehr Ziele erreichen. Eine Idee ist es, einen Katalog von Runtime-abhängigen Technologien in Eclipse anzubieten. Zum Beispiel haben EMF und BIRT komplexe Runtime Komponenten (siehe Tabelle 1), auch wenn dies ohne Beachtung bleibt bzw. von vielen Entwicklern unterschätzt wird.

B2J
BIRT
Eclipse Communication Framework (ECF)
Eclipse Modeling Framework (EMF)
Eclipse Persistence Services Project (EclipseLink)
CDO (Connected Data Objects)
Higgins
Net4j
Swordfish
Rich Ajax Platform (RAP)
Riena
TPTP

Tabelle 1: Aufstellung einiger Runtime Umgebungen, vgl. [WikiEclip03]

Diese Ansätze sind nicht vollständig neu, da zahlreiche Projekte wie Equinox oder eRCP bereits seit einiger Zeit existieren und auf die Runtime Technologie von Eclipse aufbauen (siehe Tabelle 1). „In letzter Zeit gab es jedoch eine Menge an Aktivitäten in der Eclipse Community: RAP 1.0 ist veröffentlicht, ebenso Swordfish, Riena und EclipseLink, … Projekte sind vorgeschlagen worden. Und dabei sollte die Anpassung zahlreicher Eclipse Runtime Technologien für kommerzielle Zwecke nicht vergessen werden" [WikiEclip03].

3.3 Classloader

Normalerweise braucht man sich um den Java *ClassLoader* in Eclipse nicht zu kümmern. „Will man jedoch Fremdsoftware in Plug-ins integrieren, die ursprünglich nicht für den Betrieb unter Eclipse vorgesehen war, so kann man leicht auf Probleme stoßen. Das liegt daran, dass Eclipse (und OSGi) für jedes Plug-in eine eigene *ClassLoader*-Instanz erzeugt" [WikiEclip01]. Damit wird erreicht, dass jedes Plug-in einen eigenen Namensraum (*Classpath*) besitzt, also praktisch eine abgeschlossene kleine Welt darstellt. So können in Eclipse beliebige Plug-ins beliebiger Herkunft nebeneinander benutzt und sogar gleiche Plug-ins verschiedener Versionen nebeneinander betrieben werden, ohne dass es zu Konflikten kommt. Außerdem wird durch dieses Verfahren der Mechanismus zum Laden von Klassen wesentlich effektiver als beim Standard-Java. Zum Classpath eines Plug-ins gehören unterschiedliche Komponenten zum einen die Klassen des Plug-ins selbst. Ferner Fragmente, die zum Plug-in gehören. Dabei sind Fragmente solche Plug-in-Bestandteile, die als selbstständige Projekte definiert werden. An dritter Stelle die exportierten Archive aller unmittelbar oder mittelbar vorausgesetzten Plug-ins, also der Plug-ins, die unter *Dependencies* im Plug-in-Manifest aufgeführt wurden, deren *Dependencies* usw. und deren Fragmente.

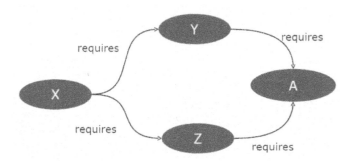

Abbildung 6: Plug-in-/ Bundle-Verwaltung: Abhängigkeiten [FGerhardt]

Nicht zum Classpath des Plug-ins gehören Klassen auf dem globalen Classpath des Ablaufsystems. Die sonst übliche Anweisung „Fügen Sie xxx.jar zum Classpath Ihres Systems hinzu" bewirkt für Eclipse und Eclipse Rich-Client-Anwendungen zunächst überhaupt nichts. Am besten wird Fremdsoftware so in Eclipse integriert, dass sie in ein Plug-in gekapselt und dann als Plug-in in die Plattform eingebracht wird. In der Abbildung 6 ist ein entsprechendes Beispiel zu sehen, bei welchem ein Plug-in X zwei Jar-Files bzw. Plug-ins Y und Z benötigt. Diese benötigen wiederum ein Jar-File bzw. Plug-in A. Dabei sind Kombinationen aus Jar-Files und Plug-ins möglich.

Neben diesen Standardsituationen kann es allerdings manchmal zu Überraschungen kommen. Verwendet die Fremdsoftware intern Aufrufe vom Typ *ClassLoader.getSystemClassLoader()*, so erhält sie den Standard-Classloader des JDK und damit einen anderen Namensraum als den des Plug-ins. Das ist z.B. der Fall, wenn Klassennamen in Konfigurationsdateien spezifiziert werden. Die jeweilige Anwendung benötigt eine Methode zum Laden. Hat man den

Quelltext verfügbar, lassen sich solche Aufrufe abändern in *this.getClass().getClassLoader()*. Man erhält mit diesem Aufruf den Classloader des aktuellen Plug-ins.

Erzeugt die Fremdsoftware Java-Klassen per *Java Reflection*, dann entstehen diese neuen Klassen im Namensraum des Plug-ins, das die Fremdsoftware enthält. Dies wird dann zum Problem, wenn Zugriff auf diese Klassen aus einem anderen Plug-in benötigt wird.

3.3.1 Buddies

Seit Eclipse 3.x lässt sich der Namensraum eines Classloaders durch die Definition von Buddies (Buddy Class Loading) erweitern (siehe [WikiEclip02]). Damit lässt sich auch in vielen Fällen Fremdsoftware problemlos einbinden. Die Buddy-Technik verlangt allerdings eine manuelle Modifikation des OSGi-Manifests.

Der Vorteil von Buddies ist, dass vorhandener Java Code von Bibliotheken nicht geändert werden muss, wenn dort *Class.forName(String)* genutzt wird, um dynamisch Klassen zu laden. Die Funktionsweise wird (nur) mit einigen Stichworten skizziert.

- Ein Bundle benötigt Hilfe eines anderen auf das Laden von Klassen spezialisierten Bundles
- Dieses Bundle legt die Art der Hilfe, die benötigt wird, fest, indem eine Buddy Policy beschrieben wird
- Wenn das Bundle (zum Klassenladen) daran scheitert, eine passende Klasse mit dem OSGi Delegation Model zu finden, wird seine Buddy Policy aufgerufen
- Die aufgerufene Buddy Policy sucht und findet einige Buddies und untersucht alle der Reihe nach, bis die passende Klasse gefunden ist oder die Liste an Klassen erschöpft ist

4 Rich-Client-Plattform (RCP)

Auch unter der Eclipse-Rich-Client-Plattform erfolgt die Implementierung von Anwendungsfunktionalitiät in Form von Plug-ins. Dabei kann eine Anwendung aus mehreren Plug-ins bestehen bzw. durch zusätzliche Plug-ins erweitert werden wie dies in Abbildung 7 exemplarisch dargestellt ist. Grundsätzlich besitzt aber jede RCP-Anwendung ein bestimmtes Plug-in, welches die RCP-Anwendung konfiguriert und Anwendung gegenüber der Eclipse Plattform identifiziert. Diesen Plug-in bezeichnet man als Anwendungs-Plug-in (siehe Listing 1: Generiertes Anwendungs-Plug-in für eine RCP Applikation).

Eine Rich-Client-Anwendung ist zum Beispiel die Eclipse-IDE. Auch die Eclipse-IDE ist nur eine spezifische Anwendung, die auf die Eclipse-RCP aufsetzt. Das Plug-in **org.eclipse.ui.ide** besorgt das Starten dieser Applikation.

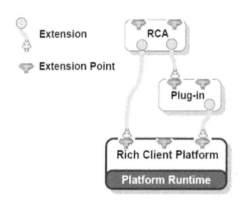

Abbildung 7: Plug-in Komponentenmodell [FGerhardt]

4.1 Applikation

Jede RCP-Anwendung muss mindestens eine Applikationsklasse am Erweiterungspunkt **org.eclipse.core.runtime.aplications** deklarieren, die das Interface **IPlatformRunnable** implementieren muss.

4.2 Generierung einer minimalen RCP-Anwendung

Seit Eclipse 3.1 ist es sehr einfach geworden, eine RCP-Anwendung zu erstellen. Denn der gesamte Ablauf ist menügesteuert, d.h. man muss lediglich beim Neuanlegen eines Plug-ins-Projektes die Frage *Would you like to create a rich client application* mit *Yes* beantworten. Anschließend hat man die Möglichkeit, aus verschiedenen Vorlagen (Templates) sich ganz einfache oder auch komplexere Beispielanwendungen generieren zu lassen. In dem Zusammenhang der Projektgenerierung werden auch das OSGi-Manifest und das Plug-in-Manifest erzeugt (Listing 1: Generiertes Anwendungs-Plugin für eine RCP Applikation).

Plug-ins werden dabei analog zu einer RCP Anwendung erzeugt. Der einzige Unterschied besteht in der Beantwortung der Frage *Would you like to create a rich client application* mit *No.*

Das Beispiel, welches in den Listings Listing 1 bis Listing 5 beschrieben wird, setzt dabei auf eine einfache Anordnung von Extensions und Extension Points, wie sie in Abbildung 8 zu sehen ist. Die Abbildung 8 ähnelt dabei Abbildung 7, ist aber sogar noch einfacher aufgebaut, da einige Extensions und Extension Points weggelassen worden sind. Diese Anordnung ist für den "üblichen" Programmieralltag nicht sonderlich komplex. Jedoch ist es als Beispiel geeignet, da es überschaubar ist, leicht erweitert werden kann und den Blick auf das Wesentliche gestattet.

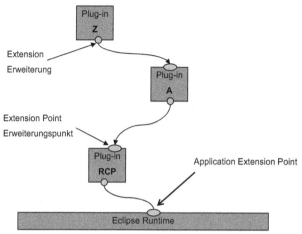

Abbildung 8: Extensions und Extension Points des Beispiels

In dem Beispielprogramm werden entsprechend der in Abbildung 8 dargestellten Applikation **RCP** (vollständiger Applikationsname: *RCP-Hello-01*), ein *Plugin-A* und ein *Plugin-Z* dazugeladen. Dabei wird ein *Plugin-A* in Plug-in **RCP** und *Plugin-Z* in *Plugin-A* geladen.

4.3 Aufruf einer Rich-Client-Anwendung

Man kann bereits jetzt das Projekt *RCP-Hello-01* als Rich-Client-Anwendung starten. Dazu muss lediglich eine neue Launch-Configuration angelegt werden. Man ruft dazu den Menüpunkt *Run>Run Configurations* auf. Dann wählt man im linken Abschnitt des folgenden Dialogs *Eclipse Application* als Konfiguration aus und bestätigt mit der Taste *New launch configuration*. Danach trägt man einen Namen, z.B. „*RCP-Hello-01*" ein. Wie man sieht, setzt sich die Anwendungsidentifikation aus der Plug-in-ID und der Erweiterungs-ID zusammen. Einfacher ist es, über einen Doppel-klick auf die *plugin.xml* die entsprechende View aufzurufen. Dort kann im Reiter *Overview* ein Abschnitt *Testing* gefunden werden. Innerhlab dieses Abschnitts *Testing* gibt es einen Link *Launch an Eclipse Application*. Wird dieser Link angeklickt, dann startet die *RCP-Hello-01* Applikation.

Aussehen kann die Applikation *RCP-Hello-01* (kurz *RCP*) wie in Listing 1 dargestellt wurde und wie eben beschrieben alleine ohne die Plug-ins: *Plugin-A* und *Plugin-Z* gestartet werden. Für die Applikation *RCP-Hello-01* sind folgende Klassen innerhalb des Applikation Plug-ins angelegt worden: *Application*, *ApplicationWorkbenchAdvisor* und *ApplicationWorkbenchWindowAdvisor*.

Um die Vorgaben von Abbildung 8 vollständig umzusetzen muss noch festgelegt werden, welche Plug-ins beim Start der neuen RCP-Anwendung enthalten sein sollen. Auf dem Reiter Plug-ins wählt man dazu die Option *Choose plug-ins and fragments to launch from the list* und bestätigt dann die Taste *Deselect all*. Anschließend selektiert man die Plug-ins *Plugin_A* und *Plugin_Z*. Dann drückt man die Taste *Add required Plug-ins*. So erreicht man, dass die Testplattform nur mir den tatsächlich benötigten Plug-ins läuft. Andere Plug-ins würden nur zu unerwünschten Effekten führen und den Testablauf stören.

```
public class Application implements IApplication {

    /* (non-Javadoc)
     * @see
org.eclipse.equinox.app.IApplication#start(org.eclipse.equinox.app.IAp
plicationContext)
     */
    public Object start(IApplicationContext context) throws Excep-
tion {
        Display display = PlatformUI.createDisplay();
        try {
            int returnCode = Platfor-
mUI.createAndRunWorkbench(display, new ApplicationWorkbenchAdvisor());
            if (returnCode == PlatformUI.RETURN_RESTART)
                return IApplication.EXIT_RESTART;
            else
                return IApplication.EXIT_OK;
        } finally {
            display.dispose();
        }

    }

...

public class ApplicationWorkbenchAdvisor extends WorkbenchAdvisor {

    private static final String PERSPECTIVE_ID =
"RCP_Hello_01.perspective";

    public WorkbenchWindowAdvisor createWorkbenchWindowAdvi-
sor(IWorkbenchWindowConfigurer configurer) {
        return new ApplicationWorkbenchWindowAdvisor(configurer);
    }
```

```
    public String getInitialWindowPerspectiveId() {
        return PERSPECTIVE_ID;
    }
}

...

public class ApplicationWorkbenchWindowAdvisor extends WorkbenchWin-
dowAdvisor {

    public ApplicationWorkbenchWindowAdvi-
sor(IWorkbenchWindowConfigurer configurer) {
        super(configurer);
    }

    public ActionBarAdvisor createActionBarAdvi-
sor(IActionBarConfigurer configurer) {
        return new ApplicationActionBarAdvisor(configurer);
    }

    public void preWindowOpen() {
        IWorkbenchWindowConfigurer configurer = getWindowConfigurer();
        configurer.setInitialSize(new Point(400, 300));
        configurer.setShowCoolBar(false);
        configurer.setShowStatusLine(false);
        configurer.setTitle("Hello RCP");
    }
}

...
```

Listing 1: Generiertes Anwendungs-Plug-in für eine RCP Applikation

Alternativ kann die **RCP** Applikation über die View des plugin.xml erweitert werden.

Das Erweitern der **RCP** Applikation um weitere Plug-ins ist vom Vorgehen analog zum Erweitern eines Plug-ins um ein weiteres Plug-in wie es in Abbildung 7 gezeigt ist. Dieses Vorgehen wird im Kapitel 5.3 näher erläutert werden. Eine RCP Applikation enthält ebenfalls eine plugin.xml Metadatei. Diese ist für die Applikation analog zu Plug-ins aufgebaut und wird im Kapitel 5.2 genauer beleuchtet.

5 Plug-in

Wie in Kapitel 2.3   Definition Plug-in bereits gezeigt wurde, sind Plug-ins das zentrale Konzept von Eclipse. Plug-ins sind Softwarebausteine, die die Eclipse-Plattform um bestimmte Funktionen und Fähigkeiten erweitern. Das zentrale Konzept besteht darin - wie in Abbildung 2 dargestellt - eine gesamte Eclipse RCP Applikation aus sinnvollen Plug-ins aufzubauen. Im folgenden Kapitel wird die Applikation aus Kapitel 4 Rich-Client-Plattform (RCP) erweitert, und es werden Plug-ins näher beleuchtet.

5.1 Aufbau eines Plug-in

Plug-ins werden in der Programmiersprache Java erstellt. So besteht in der Regel ein Plug-in aus einem oder mehreren Java-Archiven, welche die benötigten Klassen enthalten. Zwingend erforderlich ist das nicht - es gibt auch Plug-ins, die deklarativen Charakter haben und keinerlei aktive Programme benötigen.

Beim Start der Eclipse-Plattform wird daher lediglich eine kleine Kernanwendung, der Plug-in Mechanismus selbst, gestartet. Ein Plug-in enthält in der Regel neben seinem Programmcode alle benötigten Ressourcen und Grafiken sowie Metadateien (plugin.xml, Manifest.mf), die das Plug-in gegenüber dem System beschreiben. Eclipse-Plug-ins sind vollständig selbstbeschreibend. Wird ein neues Plug-in installiert, so sind keine weiteren Angaben seitens des Benutzers nötig, um das Plug-in zu starten.

```java
public class Activator extends AbstractUIPlugin {

    // The plug-in ID
    public static final String PLUGIN_ID = "Plugin_A";

    // The shared instance
    private static Activator plugin;

...

    public void start(BundleContext context) throws Exception {
        super.start(context);
        plugin = this;
    }

...

public class SampleAction implements IWorkbenchWindowActionDelegate {
    private IWorkbenchWindow window;
    /**
     * The constructor.
     */
    public SampleAction() {
    }
```

```
/**
 * The action has been activated. The argument of the
 * method represents the 'real' action sitting
 * in the workbench UI.
 * @see IWorkbenchWindowActionDelegate#run
 */
public void run(IAction action) {
    MessageDialog.openInformation(
            window.getShell(),
            "Plugin_A Plug-in",
            "Hello, Eclipse world");
}

public void test() {
    MessageDialog.openInformation(
                window.getShell(),
                "Plugin_A Plug-in",
                "Hello, this is a demo method of Plugin A");


}
...
```

Listing 2: Plug-in zur Erweiterung der RCP Applikation (Anwendungs-Plug-in) aus Listing 1

Die Metadatei plugin.xml enthält neben dem Namen des Plug-in, unter anderem die Namen weiterer Plug-ins, die zur Ausführung benötigt werden. So kann der Plug-in-Mechanismus einen Abhängigkeitsgraphen erstellen und die Plug-ins korrekt, d.h. in der richtigen Reihenfolge, starten.

5.1.1 Plug-in - Namen

Die Namenskonvention (siehe [Eclipse10]) für Eclipse-Plug-ins ist der für Java-Packages sehr ähnlich. Das heißt, dass ein Domainname Bestandteil des Plug-in-Namens ist. Dazu kommt eine dreistellige Versionsnummer, die das Plug-in eindeutig qualifiziert. Der volle Name des JFace-Plug-in ist somit **org.eclipse.jface_3.1.1.jar**. Wobei **org.eclipse.jface** die Plug-in-ID ist und **3.1.1** die Plug-in-Version. Auf diese Weise ist jedes Plug-in einschließlich seiner Version, sofern die Autoren diese Konvention einhalten, eindeutig identifizierbar.

Plug-ins werden innerhalb der Eclipse-Plattform über die Plug-in-ID identifiziert.

Die Angabe einer Versionsnummer ist meist optional. Dadurch ist es zum Beispiel

möglich, verschiedene Versionen eines Plug-in mit der gleichen ID parallel zu betreiben.

5.2 Metadateien

5.2.1 Plugin.xml

Eine der Metadateien ist die so genannte **plugin.xml**. Sie enthält Informationen über so genannte Extension Points (Erweiterungspunkte). Jedes Plug-in (und auch die Applikation *RCP* selbst) kann andere Plug-ins an deren Erweiterungspunkten erweitern oder seinerseits Erweiterungspunkte anbieten.

Eclipse nutzt die Informationen aus den Metadateien, um intern eine Plug-in-Registratur aufzubauen. Diese enthält Informationen über alle installierten Plug-ins. Die Plug-in-Registratur kann über eine Programmierschnittstelle abgefragt werden. Jedes Plug-in kann so erfragen, welche weiteren Plug-ins installiert sind und gegebenenfalls entsprechend reagieren.

```xml
<?xml version="1.0" encoding="UTF-8"?>
<?eclipse version="3.2"?>
<plugin>

   <extension
         id="application"
         point="org.eclipse.core.runtime.applications">
      <application>
         <run
               class="rcp_hello_01.Application">
         </run>
      </application>
   </extension>
   <extension
         point="org.eclipse.ui.perspectives">
      <perspective
            name="RCP Perspective"
            class="rcp_hello_01.Perspective"
            id="RCP_Hello_01.perspective">
      </perspective>
   </extension>
   <extension
         point="Plugin_A.pluginaid">
   </extension>

</plugin>

...
```

Listing 3: plugin.xml des Anwendungs-Plug-ins (RCP-Hello-01)

In Listing 3 ist als Beispiel die Darstellung des Extension Point für die Applikation "RCP-Hello-01" dargestellt. Dort sind eine Extension und ein Extension Point vorhanden. Beide sind in Listing 3 dick unterstrichen hervorgehoben. Mit dem Extension Point (siehe "*RCP Perspective*") ist es nun möglich, an diese Applikation "anzubauen". Dies kann z.B. durch die Erstellung weiterer Klassen innerhalb dieses Plug-ins geschehen, welches durch die Verwendung eben dieser Extensions Points gezielt auf Vorgaben innerhalb von RCP-Hello-01 zugreift. Dazu müssen lediglich Extensions innerhalb der Applikation RCP-Hello-01 hinzugeladen werden (ist geschehen durch *org.eclipse.ui.perspectives*).

Diese Vorgehensweise kann auch übergreifend von einem Plug-in auf das Applikations-Plug-in (*RCP-Hello-01*) erfolgen.

5.2.2 Manifest

Eine weitere, sehr wichtige Datei ist das OSGi-Manifest *MANI-FEST.MF*. Das OSGi-Manifest entspricht dem JAR-Manifest, das in jeder Java-Archivdatei im Ordner *META-INF* enthalten sein kann. Diese Datei beschreibt die grundlegenden Eigenschaften des Plug-ins und legt fest, welche anderen Plug-ins für den Betrieb des aktuellen Pluings vorhanden sein müssen und welche Packages des Plug-ins für andere Plug-ins sichtbar sein sollen. Die OSGi-Spezifikation erweitert das JAR-Manifest um weitere Informationen. Dies ist laut [Sun01] durchaus legitim. Der Vorteil dieser Erweiterung ist, dass Plug-ins standardkonforme JAR-Dateien bleiben. Theoretisch kann ein Plug-in also auch eine *main()*-Methode definieren, die es isoliert ausführbar macht. Die OSGi-Implementierung der Eclipse-Plattform ist ein Beispiel dafür. Sie ist formal zwar als Plug-in angelegt, aber auch isoliert ausführbar. Die OSGi-Manifestdatei muss in jedem Plug-in vorhanden sein. Sie enthält grundlegende Informationen zum Plug-in wie zum Beispiel:

- Name des Plug-in-Herstellers
- Anzeigename des Plug-in
- Symbolische interne Plug-in-ID
- Plug-in-Version
- Beziehungen bzw. Abhängigkeiten zu anderen Plug-ins

```
Manifest-Version: 1.0
Bundle-ManifestVersion: 2
Bundle-Name: RCP_Hello_01 Plug-in
Bundle-SymbolicName: RCP_Hello_01; singleton:=true
Bundle-Version: 1.0.0
Bundle-Activator: rcp_hello_01.Activator
Require-Bundle: org.eclipse.ui,
 org.eclipse.core.runtime,
 Plugin_A
Bundle-ActivationPolicy: lazy
Bundle-RequiredExecutionEnvironment: J2SE-1.5
```

Listing 4: Manifest zu Applikation aus Listing 1

Wird die Eclipse-Plattform gestartet, werden für jedes installierte
Plug-in nur die Manifest-Dateien analysiert. Ein Beispiel für eine
Manifest-Datei ist in Listing 4 gegeben. Die Java-Klassen werden zu
diesem Zeitpunkt in der Regel ignoriert. Nur wenn ausdrücklich
verlangt, werden Java-Klassen des Plug-ins zum Startzeitpunkt in-
stanziiert.

5.3 Beziehungen zwischen Plug-ins

Das Besondere am Plug-in-Mechanismus der Eclipse-Plattform sind
die vielfältigen Möglichkeiten, Plug-ins miteinander zu kombinie-
ren. Es wird grundsätzlich zwischen zwei Arten der Kopplung von
zwei Plug-ins unterschieden (siehe [Eclipse11]):

- Extension Point (Erweiterungspunkt), siehe 0

- Einfache Abhängigkeitsbeziehung, siehe 0

Die gebräuchlichste Form der Plug-in-Beziehungen ist die Extension
Point Beziehung. Sie ist eines der wichtigsten Konzepte der Ec-
lipse-Architektur. Während der Entwicklung einer Eclipse-
Anwendung verbringt der Entwickler einen Großteil der Zeit mit
der Arbeit mit Erweiterungspunkten der Eclipse-Plattform (siehe
dazu Abbildung 9).

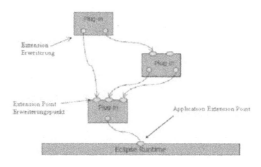

Abbildung 9: Extension und Extension Point [TJahn]

Wie leicht aus Abbildung 9 zu erkennen ist, kann ein Plug-in mehrere Extension Points und/oder Extensions besitzen. Dadurch ist es möglich, die Plug-ins unter einander zu verknüpfen. Es ist auch möglich, dass zwei Plug-ins mehrere Verbindungen (repräsentiert durch mehrer Extensions und mehrere Extensions Points) miteinander haben.

Trotz der großen Bedeutung von Extension Points soll eine weitere Möglichkeit, Plug-ins miteinander in Beziehung zu setzen, zumindest skizziert werden.

5.3.1 Extension Point (Erweiterungspunkt)

Die Erweiterungsbeziehung zwischen zwei Plug-ins ist ein wichtiges Kernkonzept der

Eclipse-Plattform. Plug-ins können Erweiterungspunkte, so genannte Extension Points, definieren und anderen Plug-ins die Möglichkeit geben, sich an diesen Punkten in deren Funktionalität einzuklinken. Plug-ins können sowohl existierende Erweiterungspunkte nutzen als auch eigene definieren. Alleine die Eclipse-Plattform bietet in der Minimalkonfiguration bereits hunderte von vordefinierten Erweiterungspunkten, die anderen Plug-ins zur Verfügung gestellt werden. Das führt zu einer Struktur aus erweiterbaren Erweiterungen, wie in Abbildung 9 bzw. Abbildung 8 gezeigt. Dieses

System aus homogenen Komponenten, die sich über definierte Schnittstellen gegenseitig beeinflussen, wird oft auch als das Eclipse-Ökosystem bezeichnet.

Ein Plug-in kann sich zur Laufzeit in die Funktion eines anderen „einstöpseln". Das Applikations-Plug-in RCP bietet in Abbildung 8 einen Extension Point an, der es anderen Plug-ins erlaubt, sich in die Funktionalität von RCP einzuklinken. Plug-in A bietet selbst wieder einen Extension Point und erweitert A durch Z. Ein großer Teil der Entwicklung einer Eclipse-Anwendung besteht darin die grundlegenden Eclipse-Plug-ins an ihren Erweiterungspunkten zu binden. Wie man bereits aus Abbildung 9 erahnen kann, sind hier fast beliebig komplexe Anordnungen möglich. Eine saubere Programmierschnittstelle macht es den Entwicklern einfach, selbst angebotene Erweiterungspunkte zu verarbeiten. Die bei der Erweiterung beteiligten Rollen werden Host Plug-in (Gastgeber Plug-in) und Extender Plug-in (Erweiterndes Plug-in) genannt.

Folgende Regeln charakterisieren die Beziehung zwischen Extension Point (Gastgeber) und Extension (Erweiterer):

- Plug-ins dürfen mehrere Extension Points anbieten
- Plug-ins können gleichzeitig Host-/ und Extender Plug-in Rollen annehmen
- Extension Points dürfen von mehreren Plug-ins benutzt werden
- Plug-ins dürfen einen Extension Point mehrfach nutzen
- Plug-ins dürfen Extension Points verschiedener Plug-ins nutzen
- Plug-ins dürfen die eigenen Extension Points nutzen

Extension Points sind in ihrer Ausprägung EXSD-Dateien. EXSD steht für Eclipse

XML-Schema Definition. EXSD ist eine Untermenge von XML Schema [W3C01], einem XML-Dialekt, der es ermöglicht, Grammatiken für XML-Dokumente zu definieren. Eine Grammatik legt fest, welche XML-Elemente wie in einander verschachtelt werden dürfen und welche Attribute welchen Typs die Elemente haben. XML-Dokumente, die einer zuvor definierten Grammatik entsprechen, werden Instanzen oder Instanzdokumente genannt. Instanzen eines EXSD-Dokuments entsprechen in Eclipse einer Erweiterung.

```
<?xml version="1.0" encoding="UTF-8"?>
<?eclipse version="3.2"?>
<plugin>
   <extension-point id="pluginaid" name="pluginaid"
schema="schema/pluginaid.exsd"/>

   <extension
        point="org.eclipse.ui.actionSets">
      <actionSet
           label="Sample Action Set"
           visible="true"
           id="Plugin_A.actionSet">
         <menu
              label="Sample &amp;Menu"
              id="sampleMenu">
            <separator
                 name="sampleGroup">
            </separator>
         </menu>
         <action
              label="&amp;Sample Action"
              icon="icons/sample.gif"
              class="plugin_a.actions.SampleAction"
              tooltip="Hello, Eclipse world"
              menubarPath="sampleMenu/sampleGroup"
              toolbarPath="sampleGroup"
              id="plugin_a.actions.SampleAction">
         </action>
      </actionSet>
   </extension>
   <extension
        point="Plugin_Z.pluginzid">
   </extension>

</plugin>
```

Listing 5: Plugin.xml des „Plugin-A" mit einem Extension Point

Sowohl Verweise auf die EXSD-Dokumente als auch deren Instanzen werden in

der Metadatei plugin.xml (dick unterstrichen in Listing 5). Eclipse wertet Schemadateien nur zur Übersetzungszeit aus. Zur Laufzeit finden keinerlei Prüfungen gegen die Schemata mehr statt. Dies ist auch nicht nötig, da sich die Metadatei plugin.xml zur Laufzeit nicht mehr ändern kann. Es genügt, alle nötigen Validierungen während der Übersetzung eines Plug-in durchzuführen. Die statische Abhängigkeits- und Erweiterungsstruktur zwischen allen beteiligten Plug-ins steht zu diesem Zeitpunkt bereits fest. Die Entwicklerdokumentation zu einem Erweiterungspunkt wird direkt in die EXSD Datei geschrieben. Ein Werkzeug, das ähnlich wie Javadoc [Sun02] funktioniert, kann daraus formatierte HTML-Dokumente erstellen. Jeder Erweiterungspunkt hat eine ID, die sich aus der Plug-in-ID und dem Namen des Erweiterungspunktes zusammensetzt. Bsp: Der Erweiterungspunkt Views im Plug-in mit der Plug-in-

ID **org.eclipse.ui** hat demnach die Extension-ID **org.eclipse.ui.views**.

5.3.2 Einfache Abhängigkeit / Import

Das ist der typische Fall, bei dem ein Plug-in die Klassen oder Ressourcen eines anderen Plug-in importieren soll. Das Vorgehen ähnelt dem bei POJO Klassen. Benötigt ein Plug-in beispielsweise JFace-Klassen, so muss im OSGi-Manifest des Plug-in eine Abhängigkeit zum Plug-in *org.eclipse.jface.text* hinzugefügt werden. Die beteiligten Rollen werden **Dependent Plugin** (abhängiges Plug-in) und **Prerequisite Plugin** (vorausgesetztes Plug-in) genannt. Abhängige Plug-ins können alle Klassen *importieren*, die vom vorausgesetzten Plug-in zur Verfügung gestellt werden. So kann eine einfache Abhängigkeitsbeziehung zwischen Plug-ins hergestellt werden. Dies wird sehr häufig bei Plug-ins gemacht, die eine Bibliothek oder ein Framework exportieren, wie zum Beispiel das SWT- oder das JFace-Plug-in. Dies ist in Listing 6 dick unterstrichen dargestellt.

```
import org.eclipse.jface.action.IAction;
import org.eclipse.jface.viewers.ISelection;
import org.eclipse.ui.IWorkbenchWindow;
import org.eclipse.ui.IWorkbenchWindowActionDelegate;
import org.eclipse.jface.dialogs.MessageDialog;
import org.eclipse.jface.text.*;

...
```

Listing 6: Einfache Abhängigkeit durch Import

Die Abhängigkeitsbeziehung wird vollständig durch das zugrunde liegende OSGi-Framework realisiert. Eine Betrachtung des OSGi Framework hat im Kapitel 3.1   Zusammenhang zwischen Eclipse und OSGi stattgefunden.

6 Weiterreichende Literatur

Im Folgenden sind zusätzlich zu dieser Arbeit weitere Bücher, Internetseiten und Newsgroups zusammengestellt, die empfohlen werden können, wenn ein Interesse an einem grundlegenden oder tieferen Verständnis von Eclipse RCP vorhanden ist. Ferner sei auch auf 0 8.2 Literatur- und Quellenverzeichnis verwiesen. Dort sind sämtliche Quellen dieser Arbeit zu finden.

6.1 Bücher

Rich-Client-Entwicklung mit Eclipse 3.2 von Dr. Bertold Daum (siehe [BDaum00])

Erich Gamma, Kent Beck: Contributing to Eclipse, Addison-Wesley, 2003

Contributing to Eclipse: Principles, Patterns, and Plugins, by Erich Gamma, Kent Beck, Addison-Wesley Professional, ISBN: 0321205758

Eric Clayberg, Dan Rubel: Eclipse - Building Commercial-Quality Plug-ins. Addison-Wesley, 2004, ISBN 0-321-42672-X

Eclipse Rich Client Platform, by Jeff McAffer and Jean-Michel Lemieux, Addison-Wesley Professional, ISBN: 0321334612

SWT: The Standard Widget Toolkit, Volume 1, by Steve Northover, Mike Wilson, Addison-Wesley Professional, ISBN: 0321256638

Arthorne, Laffra: The Official Eclipse 3.0 FAQ, Eclipse, Eclipse Series, bzw. Veröffentlichung auf folgender Website:
http://wiki.eclipse.org/index.php/The_Official_Eclipse_FAQs

6.2 Webseiten

RCP Homepage: http://www.eclipse.org/rcp,
http://wiki.eclipse.org/index.php/Rich_Client_Platform,
http://dev.eclipse.org/viewcvs/index.cgi/~checkout~/platform-ui-home/rcp-proposal/rich_client_platform_facilities.html

RCP Tutorial

http://dev.eclipse.org/viewcvs/index.cgi/%7echeckout%7e/org.eclipse.ui.tutorials.rcp.part1/html/tutorial1.html

Ed Burnette
(RCP Tutorial)

RCP-Applikationen:	http://www.eclipse.org/community/rcp.html, http://www.oneclipse.com/Members/admin/news/swt-sightings-vol-2
Eclipse Powered: Ed Burnette	www.eclipsepowered.org
Eclipse Wiki:	www.eclipse-wiki.info
Eclipse RCP, Java, J2EE	http://java.sun.com - J2EE/SE/ME
Eclipse Community	http://eclipseplugincentral.com/
Tutorial:	http://www.info-zip.org/pub/infozip/ Developing Eclipse Rich-Client Applications, [InfoZip] Dr. Frank Gerhardt, Dr. Christian Wege 2005
Tutorial:	Examples and Case Studies http://www.eclipse.org/community/rcp.php Download from eclipse.org: eclipse-examples-3.1*.zip And don't forget the source code
OSGi Platform	http://www.osgi.org

6.3 Newsgroups

Platform news: General discussion about the Eclipse-Plattform
news://news.eclipse.org:119/eclipse.platform

RCP news: Discussion about the Eclipse-Plattform
news://news.eclipse.org:119/eclipse.platform.rcp
news://news.eclipse.org/eclipse.platform.rcp

Equinox news: Discussion about OSGi based runtime
news://news.eclipse.org:119/eclipse.technology.equinox

6.4 Zeitschriften/Konferenzen

EclipseCon 2004 und 2005, www.eclipsecon.org,
Sehr viele Infos zu Vorträgen und Tutorials

Nick Edgar: Eclipse Rich Client Applications. Presentation
at EclipseCon 2004, www.eclipsecon.org

Gerhardt, Wege: Eclipse als Basis für Rich-Client-
Anwendungen. iX, 7/2004

Todd Williams, the Case for Using Eclipse Technology in

General Purpose Applications,
http://www.genuitec.com/products/eclipseapplicationframework.pdf

Sonia Dimitrov and Pascal Rapicault, Automating Eclipse Based Products Builds with PDE Build.
http://dev.eclipse.org/viewcvs/index.cgi/~checkout~/pdebuild-home/articles/Automated%20Builds/article.html?rev=HEAD&content-type=text/html

Pascal Rapicault, Exporting an RCP Application.
http://dev.eclipse.org/viewcvs/index.cgi/~checkout~/pdebuild-home/articles/export%20rcp%20apps/article.html?rev=HEAD&content-type=text/html

7 Zusammenfassung und Bewertung der Ergebnisse

Nach den bisher vorgestellten Kapiteln sind eine Zusammenfassung und eine kurze Darstellung der Ergebnisse notwendig. Zusätzlich werden in den Kapiteln 0 und 0 die Vorteile und Nachteile der Verwendung von Eclipse RCP gegenübergestellt. Dies erfolgt stichwortartig und ist im Zusammenhang mit den bereits eingeführten Definitionen und erarbeiteten Kapiteln zu sehen, auch wenn nicht alle Folgerungen aus den bisher behandelten Kapiteln explizit abgeleitet werden können. Denn dies geht weiter über den gesetzten Rahmen dieser Arbeit hinaus.

Vielmehr konzentriert sich die Arbeit in den Kapiteln 2.2, 2.3 und 3 darauf wichtige Begriffe wie Eclipse - RCP, Plugin, Eclipse-Classloader, OSGi, Equinox zu definieren. Damit werden die Grundlagen für die darauf folgenden Kapitel 4 und 5 gelegt. Dort werden die Begriffe Eclipse – RCP und Plugin unter anderem anhand eines Beispiels und einiger Listings vertieft. Vorteile wie die „Wiederverwendung von Code und Design" ergeben sich bei der Verwendung von Plug-ins allein aus der Tatsache, dass es sich bei Eclipse RCP im Wesentlichen um ein komponenten-basiertes System handelt. Andere Vorzüge müssen durch das Studium weiterer Unterlagen, wie sie in den Kapiteln 6 und 0 angeboten werden, erarbeitet werden.

7.1 Vorteile

- Reichhaltige Funktionalität der Plug-ins/Komponenten
- Wiederverwendung von Code und Design
- Stabile, saubere Architektur
- klare, erprobte Architektur
- robuste Komponenten
- Unterstützung aller wichtigen Desktop-Betriebssysteme
- natives „Look and Feel"
- große Anzahl von Standard Widgets
- plattformunabhängig durch Verwendung von Java
- Relative einfache Programmierung mittels Plug-ins möglich
- Architekturen können erstellt werden (Bsp. Siehe [Cayen01])
- gute, umfangreiche Dokumentation

- Literatur/Dokumentation verfügbar
  - beschleunigte Entwicklung
  - verringerte Entwicklungskosten
  - Erhöhte Zuverlässigkeit und Wartbarkeit
- Sehr grosse, aktive Eclipse Community
  - Stetige Weiterentwicklung
  - Bündelung von Know-How in Eclipse

7.2 Offene Punkte/Probleme

- Sicherheit, keine Authentifizierung, Autorisierung, Rollen
  - Teilweise Unterstützung durch OSGi 4.x
  - In Arbeit
- Neue Vorgehensweise beim Einsatz von Eclipse (siehe Software-Engineering)
- Unternehmen mit neuer Technologie nicht vertraut
- Kein Allheilmittel für heterogen gewachsene „Alt-"Systeme

7.3 Empfehlung

Bei der Entscheidung, ob ein Projekt auf der Grundlage von Eclipse RCP erstellt werden soll, müssen zunächst einige Vorüberlegungen getroffen werden, die von Projekt zu Projekt variieren können. Ein Projekt ist im Rahmen eines RCP Projektes dann sinnvoll, wenn jede Komponente von RCP für das Projekt sinnvoll ist (OSGi, Plug-ins, SWT, JFace, Workbench). Eine Kombination von Plug-in Anteilen und weiteren Teilen, die nicht den RCP Vorgaben entsprechen, kann Nachteile bringen.

Neben den „technischen" Änderungen gibt es bei der Entwicklung einer RCP Applikation Unterschiede im Software-Engineering zum bisherigen Vorgehen. Das ist mit den folgenden Stichworten angedeutet, aber nicht weiter vertieft.

Notwendigen Schritte zur Erstellung einer Eclipse RCP Applikation

- Festlegung der Extension Points
- Definition des Plug-In Manifest
- Implementierung einer Application Class, siehe Listing 1
- Implementierung einer WorkbenchAdvisor Class, siehe Listing 1
- Implementierung einer WorkbenchWindowAdvisor Class, siehe Listing 1
- Implementierung der unterstützenden Extensions
- Export und Deployment der Applikation

Die Änderungen sind nicht nur auf die Entwicklung von aktuellen Projekten zu sehen. Vielmehr ist festzuhalten, dass es bei der Abbildung von Prozessen häufig Änderungen gibt. Diese können mit Hilfe von Komponenten ggf. rascher umgesetzt werden. Auch wird der RCP Ansatz Auswirkungen auf zukünftige Re-Engineering Projekte haben. Denn es wird aufbauend auf Eclipse zahlreiche weitere Technologien geben.

Ferner darf nicht vergessen werden, dass im Rahmen dieser Arbeit auf den Rich Client verwiesen worden ist. Jedoch dürfen Ansätze für Enterprise Component Frameworks (siehe [Eclipse14]) und Rich Server Plattform (siehe [Eclipse15]) nicht übersehen werden. Diese können in Zukunft zu einem intensiveren Einsatz von Komponentenmodellen auch auf Server verwendet werden. Dazu gehörende Ansätze, die es ermöglichen mit Entitäten zu arbeiten, sind auch in der Entwicklung (siehe [Cayen01]).

Generell ist die weitere Entwicklung von Eclipse spannend, soll jedoch hier nicht weiter vertieft werden. In diesem Zusammenhang sei auf [Eclipse13] verwiesen.

Ebenso ist die Entwicklung im Embedded Bereich zu beobachten. Dies ist in Kapitel 3.1 angedeutet worden. Für ein tieferes Verständnis sei auf [Embed01] verwiesen.

8 Anhang

8.1 Abkürzungen

ECF	Eclipse Communication Framework
EMF	Eclipse Modeling Framework
eRCP	embedded Rich-Client-Plattform
JDK	Java Development Kit
JVM	Java Virtual Machine
JWS	Java WebStart
MSA	Mobile Service Architecture
OSGi	Open Services Gateway initiative
OSS	Open Source Software
RCP	Rich-Client-Plattform
SDP	Service Delivery Platform
SOA	Service Orientierte Architektur
SWT	Standard Widget Toolkit
UI	User Interface

8.2 Literatur- und Quellenverzeichnis

[BDaum00]   Rich-Client-Entwicklung mit Eclipse 3.2, Anwendungen entwickeln mit der Rich Client Platform, 2. aktualisierte Auflage, dpunkt.verlag, ISBN: 978-3-89864-427-3

[Cayen01]   Cayenne, http://incubator.apache.org/cayenne/, aufgerufen am 10.12.2008

[Eclipse01]   Die Eclipse-Stiftung, http://www.eclipse.org/org, aufgerufen am 28.11.2008

[Eclipse02]   Java Development Tools, http://www.eclipse.org/jdt, aufgerufen am 28.11.2008

[Eclipse03]   The Official Eclipse FAQ, What is Eclipse?, http://wiki.eclipse.org/index.php/FAQ What_is_Eclipse%3F, aufgerufen am 28.11.2008

[Eclipse04]   The Eclipse Public License, http://www.eclipse.org/legal/epl-v10.html, aufgerufen am 28.11.2008

[Eclipse05]   The Next Eclipse,
               http://dev.eclipse.org/viewcvs/index.cgi/eclipse-project-
               home/plans/3_2/, und
               http://dev.eclipse.org/viewcvs/index.cgi/eclipse-project-
               home/plans/eclipse_after_2_1.html?view=log, aufgerufen am
               28.11.2008

[Eclipse06]   Eclipse Membership, http://www.eclipse.org/membership,
               aufgerufen am 28.11.2008

[Eclipse07]   Eclipse Plattform/Core Project,
               http://www.eclipse.org/eclipse/platform-core/, aufgerufen
               am 28.11.2008

[Eclipse08]   Eclipse Equinox Project, http://eclipse.org/equinox, aufgeru-
               fen am 28.11.2008

[Eclipse09]   RCP-Plugin-Guide, http://www.eclipse.org/eclipse/platform-
               core/documents.php, aufgerufen am 28.11.2008

[Eclipse10]   Eclipse Naming Conventions,
               http://wiki.eclipse.org/Naming_Conventions, aufgerufen am
               28.11.2008

[Eclipse11]   Azad Bolour, Notes on the Eclipse Platform Architecture,
               03.06.2003, http://www.eclipse.org/articles/Article-Plug-in-
               architecture/plugin_architecture.html, aufgerufen am
               28.11.2008

[Eclipse12]   Eclipse Plugin Development Environment,
               http://eclipse.org/pde, aufgerufen am 28.11.2008

[Eclipse13]   Platform Release Engineering,
               http://www.eclipse.org/eclipse/platform-releng/index.php,
               aufgerufen am 28.11.2008

[Eclipse14]   Proposal: Enterprise Component Framework,
               http://eclipse.org/proposals/ecp, aufgerufen am 28.11.2008

[Eclipse15]   Proposal: Rich Server Plattform,
               http://eclipse.org/proposals/rsp, Aufgerufen am 28.11.2008

[Embed01]   Embedded Rich Client Platform, http://eclipse.org/ercp,
               Aufgerufen am 28.11.2008

[FGerhardt]   Java-Forum-Stuttgart, 07.07.2005, Stuttgart, Dr. Frank Ger-
              hardt, Martin Lippert

[JVliss01]   John Vlissides, Generation Gap Pattern,
              http://www.research.ibm.com/designpatterns/, aufgerufen
              am 12.12.2008

[KCzarn00]   Krzysztof Czarnecki, Ulrich Eisenecker, Generative Program-
              ming –Methods, Tools and Applications, Addison-Wesley Pro-
              fessional 2000

[MLippert05] Entwickler-Tage 2005, Beitrag „Rich Client Entwicklung mit
              der Eclipse RCP", Martin Lippert (it-agile) und Bernd Kolb
              (Kolbw@re)

[NEdgar]   Eclipse Con 2004, Eclipse Rich Client Applications, Overview of
              the Generic Workbench (Eclipse RCP UI), Presented by Nick
              Edgar, IBM Ottawa, 2004 IBM Corporation | February 3, 2004

[OSGi01]   http://www.osgi.org/Specifications/HomePage, OSGi
              specifications, aufgerufen am 28.11.2008

[OSGi02]   OSGi Alliance, http://osgi.org, aufgerufen am 28.11.2008

[OSGi03]   OSGi Platform Core Specification R4, OSGi Alliance 2005

[OSGi04]   OSGi Technical Whitepaper, OSGi Alliance,
              http://www.osgi.org/documents/-osgitechnology/osgi-sp-
              overview.pdf, aufgerufen am 28.11.2008

[Sun01]   JAR File Specification, Sun Microsystems Inc., 2003,
              http://java.sun.com/j2se/1.5.0/docs/guide/jar/jar.html,
              aufgerufen am 28.11.2008

[Sun02]   Javadoc Tool, Sun Microsystems Inc.,
              http://java.sun.com/j2se/javadoc/, aufgerufen am
              28.11.2008

[Sun03]   JavaOne Conference 2005, Session TS-5979,
              java.sun.com/javaone/sf, aufgerufen am 28.11.2008

[TJahn]   Die Eclipse „Rich Client Platform" (RCP), ... ?????

[Veloc01]   Apache Velocity, http://velocity.apache.org/, aufgerufen am
              10.12.2008

[W3C01]   XML Schema, W3C, http://www.w3.org/XML/Schema, aufge-
              rufen am 28.11.2008

[Wiki01]   http://de.wikipedia.org/wiki/Rich_Client_Platform, aufgeru-
              fen am 27.11.2008

[Wiki02]   http://de.wikipedia.org/wiki/Plug-in, aufgerufen am
                27.11.2008

[Wiki03]   http://de.wikipedia.org/wiki/OSGi, aufgerufen am 28.11.2008

[WikiEclip01]   Kapitel 2 „Terminology",
                http://wiki.eclipse.org/index.php/Context_Class_Loader_Enh
                ancements , aufgerufen am 10.12.2008

[WikiEclip02]   Kapitel 5.1 „Buddy Class Loading",
                http://wiki.eclipse.org/index.php/Context_Class_Loader_Enh
                ancements , aufgerufen am 10.12.2008

[WikiEclip03]   Eclipse as a Runtime Catalog,
                http://wiki.eclipse.org/Eclipse_as_a_Runtime_Catalog#Runti
                mes, aufgerufen am 10.12.2008

[WikiOSGi01]   Kapitel 3 „OSGi", http://de.wikipedia.org/wiki/OSGi, aufge-
                rufen am 10.12.2008

[WikiOSGi02]   Kapitel 3 „OSGi", http://de.wikipedia.org/wiki/Equinox, OS-
                Gi-Framework, aufgerufen am 10.12.2008